EL MICALET GALÀCTIC

L'autobús d'aniràs i no tornaràs

Joan Pla

Dibuixos de Kino Garrido

W0407889

edicions
bromera

Aquesta obra obtingué el premi de narrativa infantil Vicent Silvestre 2000, instituït per Edicions Bromera. Formaven part del jurat: Jesús Cortés, Teresa Duran, Josep Antoni Fluixà, Llorenç Giménez i Pedro C. Grande.

I
El dia de Sant Jordi

Pere era un home de mitjana edat. Era prim de cara, una mica barbamec, i tenia un caràcter tranquil i condescendent. Se li havien fet unes mans fermes, acostumat a dominar el volant de l'autobús, abans que als vehicles se'ls haguera incorporat la direcció assistida. La seua mare, la senyora Teresa, assegurava que havia nascut amb un volant d'autobús sota el braç. Era l'ofici que havia après a estimar al costat del seu pare, que ja era xofer, i que un dia, feia deu anys, va desaparéixer mentre conduïa l'autobús a la cotxera. Encara no havia tornat a casa, ni Pere ni la seua mare sabien si mai tornaria, perquè la seua passió era conduir autobusos.

El dia de Sant Jordi Pere es va alçar dejorn. Se sentia l'home més feliç del món. Cantava mentre es rentava la cara, cantussejava mentre s'afaitava l'escassa barba i cantava mentre es vestia. La seua mare l'escoltava des de la cuina, mentre li preparava el café amb llet i un tros de pastís de poma que ella mateixa havia fet.

—Es pot saber per què estàs tan content, fill? —li va preguntar quan arribà a la cuina ben rentat i ben pentinat, vestit amb el seu uniforme de conductor d'autobusos.

—Mare —li digué mentre li feia un bes—, avui és un dia gran. És el dia dels enamorats i és el dia que estrene un autobús nou!

—Comprenc, fill, que estigues content perquè és el dia dels enamorats i vulgues regalar-li a la teua xicota una rosa i un llibre... Però, i l'autobús? Què fa que siga nou o siga vell? A veure si, per ser nou, no sap fer el camí i et perds com es va perdre el teu pare, que encara no sap com tornar!

—No, mare! Aquest és tot nou i brillant, pintat amb colors cridaners. Ja veuràs com tothom hi voldrà pujar. Ja veuràs!

I després que es begué el café amb llet i es menjà el pastís de poma, amb l'uniforme net i planxat, féu cap a la cotxera on l'esperava l'autobús de la línia 15.

—Ací el tens, Pere! —li digué el gerent, que lluïa un bigot gros perquè volia dissimular un nas prim i llarg.

Pere s'acostà a l'autobús i quedà meravellat de tanta bellesa, tan net i polit, des de la xapa fins als pneumàtics, que no s'atrevia a tocar-lo.

—Encara faràs tard —li digué el gerent—. Sembles un mussol mirant una rata!

Va pujar dalt de l'autobús i tot ell feia olor a nou. La moqueta del terra, la tela dels seients, la pintura interior... Quan es va fixar en el seu seient, tan còmode, i en el volant, amb un disseny ultramodern, i en la tauleta tan bonica per despatxar els bitllets, en va quedar enamorat.

—Ací, m'hi passaran les hores volant, més que conduint —exclamà.

Amb la mà tremolosa, va engegar l'autobús. A penes un soroll, com de fulles que cauen a la tardor.

—Vinga, xicot, que avui és el dia de Sant Jordi, el dia dels enamorats. A veure com respons!

—Com vols que responga? Com un enamorat més! —va sentir Pere una veu dolça que li contestava.

Pere mirà darrere seu per si se li havia colat algun passatger matiner. Però no hi havia ningú. Mirà cap a fora de l'autobús, i tampoc no hi veié ningú. Es fregà els ulls i es destapà els forats de les orelles.

—De vegades sentim el que no volem —va xiuxiuejar. I arrancà l'autobús.

Com un rei, abandonà la cotxera i es dirigí a buscar la línia 15, que començava davant de l'Arc dels Llorers. Pere havia entonat una cançó d'amor, tot pensant en la seua xicota. Era una xica més jove que ell, rossa, separada, amb un fill. La mare li deia que s'afanyara a casar-se si no volia ser un avi en comptes d'un pare. Pere va notar com l'autobús corria, no al ritme de les seues accelerades, sinó al ritme de la cançó que

LÍNIA 15

ell cantava. Va obrir uns ulls com taronges, deixà de cantar i s'aturà al carril de la dreta. El motor ronronejava suaument. Després que isqué de la sorpresa, posà la marxa i accelerà. Però l'autobús es resistia a arrancar. Amb la mosca a l'orella, accelerà més fort.

Va ser llavors que Pere hagué d'agafar-se ben fort al volant, perquè l'autobús se li encabrità.

—Òndia! Què dimonis passa? —es preguntà.

Abans que eixira de la seua sorpresa, escoltà que algú li contestava:

—Que vull que acabes la cançó, amic meu! Com pots deixar-me amb la mel a la boca?

—Però, què és el que sent? —tremolà Pere de cap a peus.

—La veu d'un amic.

—La veu d'un amic? Però si no hi ha ningú, ací dins! —mirà cap a tots els costats.

—Ei, ei! Que sóc jo, l'autobús!

—Algú ha enregistrat alguna cinta i s'està rient de mi! —va dir i mirà si hi havia cap cinta al radiocasset.

Però no n'hi havia cap.

—Deixa de fer el ximple que farem tard —va tornar a sentir—. Ara, canta.

Pere alçà els muscles i es posà a cantar. No perdia res seguint el corrent a aquella veu insòlita, desconeguda, misteriosa...

—Gràcies! —sentí de nou la veu.

I l'autobús reinicià el camí, mostrant una gran alegria a través dels seus moviments, fins que arribà a la primera parada.

—Ja tenim els primers passatgers —exclamà amb alegria l'autobús—. Què els he de dir? —preguntà.

—Com que què els has de dir? —es decidí Pere a contestar-li.

—Home, no voldràs que quede com un maleducat!

—Doncs, digues-los bon dia!

—Però, qui els dic que sóc? No tinc nom. Només uns números de sèrie. Tu et dius Pere, no? He sentit que t'ho deien.

—Sí. Em dic Pere.

—I, jo?

—Tu?... Doncs, com avui és el dia de Sant Jordi, et pots dir Jordiet... Què et sembla?

—Ho veig bé, Pere. Tu ets el meu amo.

Pere se'n feia creus. No sabia si patia d'al·lucinacions. Tants anys conduint autobusos, potser feia que els personalitzara. Però tots els seus dubtes van desaparéixer quan escoltà Jordiet, l'autobús.

—Bon dia, senyores i senyors! —saludà els passatgers que l'esperaven.

—Oh, quins autobusos més simpàtics! —va dir una senyora que vestia un abric negre i un barret, perquè encara feia fresca—. Ara els fan saludar!

—La ciència avança que és una barbaritat —comentà un vellet de cabells llargs i blanca barba.

Un jove, que vestia de manera estrafolària i portava uns cabells en punxa, va dir:

—Qualsevol dia aniran sense conductor i deixaran la gent a l'atur.

Un altre jove, que vestia uns texans i una caçadora de pell, assegurà:

—És el domini del món de la informàtica. Amb un xip, fan el que volen.

Després que pujaren a l'autobús la mitja dotzena de passatgers, Jordiet, més pagat que un dia de Pasqua, es posà en marxa. Baixà cap al

15
AC/DC

parc dels Magnoliers, s'enfilà per l'Albereda i anà pujant més passatgers, fins que al final de l'Albereda, hi pujà, acompanyada de sa mare, una nena de cabells i ulls negres, vestida amb una brusa i una falda roja. Duia també un llaç roig al cap. Només oferí la targeta al conductor, Jordiet tremolà de cap a peus. Els passatgers es van agafar als seients, pensant que l'autobús es desfeia en cent trossos.

—Què et passa, ara? —parlà Pere a Jordiet, baixet, perquè temia que l'agafaren per boig.

—Aquesta nena que acaba de pujar. Que no la veus, com és de bonica?

—Home, si m'he de fixar en tots els passatgers que pugen, puc no acabar mai.

—Però aquesta nena és bellíssima! Que t'has fixat en els seus cabells i en els seus ulls..., i en el vestit i en el llaç roig que porta? Vols mirar per l'espill, Pere?

—Sí, ja la veig.

—Ai, Pere! Que me n'he enamorat!

—No em faces riure, nano! Que hem de marxar!

—No puc! No puc!

—Com que no pots? No ens podem quedar tot el dia aturats!

—Digues-li que es pose ací a prop. Mira, hi ha un seient buit, ací al davant —insistia Jordiet.

—Què vols, que la seua mare m'agafe per boig? Creus que si li dic que sega ací al davant, perquè n'estàs enamorat, s'ho empassarà? Com pot enamorar-se un autobús de ningú? —murmurava Pere baixet.

—Que li ho digues! —bramà Jordiet, que tots ho van sentir.

Tots els passatgers van mirar Pere, buscant la persona a qui havia parlat. Ell va mirar els passatgers i es va avergonyir del que podien pensar.

—Conductor, que farem tard al Dia del Llibre! —protestà un jove amb ulleres i posat intel·lectual.

—Que faré tard a la feina! —cridà un home gros, amb la barba sense afaitar.

—Vinga, que haurem de dinar ací! —digué el jove amb cabell en punxes.

—Que no és festa, avui? —preguntà Jordiet.

—Sempre n'hi ha de desgraciats, com jo, a qui ens pertoca pencar —digué Pere.

Pere intentà accelerar fort, pensant que Jordiet estava distret, però aquest tornà a encabritar-se i els passatgers van fer un crit.

—Crec que hauré de baixar —va dir una velleta—. No guanye per a ensurts, amb aquest autobús.

—És divertidíssim —digué un nen de set anys.

—Vostés disculpen —es va excusar Jordiet—. Però és que acabe d'enamorar-me.

—Ohhhhh! —exclamà la gent, emocionada, pensant que era Pere.

—Que no sóc jo qui s'acaba d'enamorar! —protestà ell, alçant-se del seient i dirigint-se als passatgers—. Que no veuen que no és la meua veu?

—Que graciós! —va dir la senyora de l'abric negre i del barret.

—L'autobús no vol arrancar perquè s'ha enamorat! És l'autobús! —recalcà Pere.

Els passatgers van riure, perquè era el dia de Sant Jordi i pensaven que l'amor l'havia transtornat.

—L'autobús s'ha enamorat d'aquesta nena —va assenyalar la xiqueta de cabells i ulls negres—. I vol que sega allà davant, perquè, si no, diu que no mou!

La xiqueta es va enrojolar i s'agafà ben fort del braç de la seua mare. Els passatgers van aplaudir l'ocurrència del conductor.

—Ara veuran com Jordiet, vull dir, l'autobús, no arranca.

Va posar la marxa, va accelerar, i Jordiet feia esforços per no moure, es volia tornar a encabritar.

—Ho han vist?

—Sí —cridà la gent, seguint la comèdia del conductor.

—Doncs, ara, que passe la xiqueta ací davant —li assenyalà el seient.

—Que no té vergonya, aquest grandàs d'autobús? Mira que enamorar-se d'una xiqueta! —proferí un home calb, d'ulls petits, tot encés.

—Jo mai no havia conegut que un autobús s'enamorara d'una xiqueta! —va exclamar una velleta molt velleta, ben vestida, que no tenia dents—. És molt romàntic!

—Que no veuen que el conductor està de conya? —digué el jove d'ulleres.

Tothom va riure i acabà seguint la broma al conductor.

—Ara fan màgia! —assegurà taxativament una dona—. Què no arribarem a veure, si Déu ens dóna salut!

—Hi deu haver una càmera oculta amb un objectiu indiscret —digué un jove, amb la cara plena de pigues i el nas arromangat.

La mare, mentrestant, va animar la filla perquè es posara al seient del davant, tot seguint el que imaginava que era una broma, i Jordiet féu salts d'alegria.

Tot seguit l'autobús es va posar en marxa. Va enfilar l'Albereda cap a la plaça dels Ocells. Féu una parada, dues... Estava admirat de veure tanta gent amunt i avall. Però quan arribà on hi havia les parades de llibres, s'aturà en sec.

—I, ara, què et passa, xaval? —li preguntà Pere.

—Què és tot aquest enrenou?

—Ja t'he dit que avui és el Dia del Llibre. Els enamorats compren una rosa i un llibre a la seua promesa o a la seua esposa.

ENTRADA
PARLAR
B EL
UCTOR

—Doncs jo estic obligat a comprar una rosa i un llibre! —exclamà Jordiet—. Estic enamorat!

—Però si és l'autobús que parla! —exclamà la xiqueta, que des d'aquella distància ho havia escoltat bé—. Si és l'autobús que parla!

I tots els passatgers, davant de la veu innocent i sincera de la xiqueta, es van alçar i s'amuntonaren a la part del davant, esperant comprovar per ells mateixos que era l'autobús el que parlava.

—M'agafaran per boig! —cridà Pere, tot suat.

—Hola, amics. Sóc Jordiet, el vostre autobús. Aquest és Pere, el meu conductor. No està boig, ell. Sóc jo, que sóc un autobús acabat d'eixir de la fàbrica i, com que m'he estrenat el dia de Sant Jordi, sóc un autobús enamoradís. Perdoneu que només m'haja enamorat d'aquesta xiqueta. Crec que puc enamorar-me de tots vosaltres, si em doneu temps... Ara, si no us és molèstia, voldria que Pere baixara i que comprara una rosa i un llibre per a aquesta xiqueta... És el que cal fer, no?

—Sí, sí... —cridà el vellet de cabells llargs i de blanca barba, molt emocionat—. Visca l'amor!

I sonà un fort aplaudiment. Pere va aturar el cotxe, va obrir la porta de l'autobús i va baixar a comprar una rosa i un llibre. Va aprofitar la baixada per a comprar una rosa i un altre llibre per a la seua xicota.

Quan va pujar, va mostrar la rosa i el llibre que havia comprat per a la xiqueta.

—Són els meus regals —digué Jordiet.

Pere li'ls va lliurar. Ella va fer un bes al conductor i després s'acostà a la part del davant de l'autobús i va fer un altre bes.

—Per a tu, Jordiet —va dir.

Jordiet va tremolar lleugerament.

—Gràcies...

—Rosa. Em dic Rosa —digué la xiqueta.

—Gràcies, Rosa. Si ara fóres tan amable d'anar llegint-me el llibre, mentre viatge per aquesta ciutat... No em resultarà tan avorrit.

Rosa va obrir el llibre.

—Mira, són tot contes —va dir.

—Contes? —repetí Jordiet.

—Sí. És un recull de contes.

Davant d'aquella escena tan tendra, al jove de cabell amb punxes se li derretí la laca i se li aplanà el cabell, que acabà tot esbullat. Es torcà unes llàgrimes. Va confessar que no havia tingut mai ningú que l'estimara i per això vestia tan estrafolàriament.

—D'alguna manera he de cridar l'atenció —murmurà.

I aquell dia, el primer que Jordiet eixia al carrer, Rosa, acompanyada de la seua mare i del jove de cabells ara esbullats, va passar-lo llegint els contes a Jordiet. Quan acabà el seu torn, Pere el portà a la cotxera, i l'autobús s'adormí escoltant el darrer conte amb la veu dolça i enamorada de Rosa.

II

Jordiet s'enamora d'un Pallasso

L'endemà, el dia estava trist. Els núvols amenaçaven pluja i feia un vent humit i fresc. Pere arribà puntual a la cotxera i despertà Jordiet.

—Bon dia —es van saludar tots dos.

Jordiet es despertà content i feliç. Recordava les últimes paraules del conte que sentí a Rosa, mentre entrava en un son profund:

«Fill de rei nasqueres
i tu seràs rei...

Però l'amor de les Tres Taronges
No el sabràs.

Els verderols, les caderneres, els pardals... tots van callar en sentir aquells crits...»

—Veig que te'n recordes bé, amic meu... I com està avui el meu enamoradís autobús? —li va preguntar Pere, una mica sorneguer.

—He dormit com un tronc. Ahir va ser un dia feliç, Pere —contestà Jordiet—. Em vaig enamorar de Rosa, i ella em va complaure.

—Una xiqueta amb una gran paciència, xaval! Vaig acabar aprenent-me tots els contes de memòria. Però, mira per on, vaig poder contar-li'n un al fill de la meua xicota! Ara vol que li compre el mateix llibre de contes que et vaig comprar a tu...

—Que em va regalar la xiqueta —va rectificar Jordiet.

—Tens tota la raó del món. Disculpa'm.

—Diria que li'l deixares... —murmurà Jordiet—. Si vol compartir-lo amb mi...

—Ah, no et preocupes, xaval! Ell és una mica trapatroles i te'l podia fer malbé. Ja li diré que t'hi has oferit. Ah! Et vol conéixer, saps? Li he dit que ets un autobús màgic.

—Quan vulga. Com que no faig més que fer voltes, sempre em pot atrapar...

—Quines coses dius! Tu fas voltes i jo faig les mateixes que tu. Si tu et mareges, jo em marege! Saps què et dic, xicot?

—Què, Pere?

—Que som inseparables! —somrigué Pere.

—Avui estàs de bon humor, no?

—Home! Al mal temps, bona cara! Espere que avui siga un dia normal.

—El dia dirà —respongué Jordiet.

—El dia està rúfol! No sé si no plourà...

Pere agafà una granera i agranà l'autobús per dins. Després, amb una baieta, torcà la pols, seient per seient.

—Estàs tan net com quan et van traure de fàbrica —digué Pere.

—Ets molt amable, Pere. T'ho agraïsc.

Pere engegà l'autobús i isqué al carrer.

—El mateix trajecte d'ahir, no, Pere? —murmurà Jordiet.

—Sí, nano.

—Veritat que resulta avorrit?

—Sí. Però així em guanye les garrofes. Tu només portes un dia, i aquest n'és el segon. Però jo porte anys!

Jordiet sospirà. No volia crear-li problemes a Pere. Al poc d'eixir de la cotxera, començà a plovisquejar.

—Tenies raó. Ara sí que em posaré perdut! —exclamà Jordiet.

—Refrescaràs el motor —bromejà Pere.

L'autobús es dirigí cap a la seua primera parada. La pluja s'afinava. Aviat els carrers estigueren banyats.

—Vols fer el favor de rentar-me els ulls! —protestà Jordiet, a qui, a causa de la pluja, se li havien xopat els vidres del parabrisa, cosa que li impedia una visió clara.

—Perdona, xicot! —es disculpà Pere—. No me n'havia adonat.

I posà l'eixugaparabrisa en marxa.

—Ara ja veig millor!

Quan Jordiet veié els primers passatgers que l'esperaven, amb el terra xop, s'espantà.

—Adverteix-los que no m'embruten! —digué a Pere.

—Sí, home! Què vols, que els pose una estora al peu de l'escala?

—Apanya-te-les com pugues. Però no vull que m'embruten!

Quan Pere va prémer el botó per a obrir la porta, no hi havia manera d'obrir-la.

—A veure quin problema tindrem avui! —sentí Pere que deia la senyora de l'abric negre i del barret.

—Què dimonis pretens? —cridà Pere a Jordiet.

—Que poses l'estora perquè es refreguen els peus abans d'entrar!

—Si no en tinc! Que era una broma!

—Doncs, veges què fas! Que no òbric!

Pere, desesperat, perquè la gent picava a la porta, buscà per la guantera i trobà un roll de paper.

—El tenies ben amagat, xaval! Faré que es torquen els peus! —digué.

De seguida Jordiet va obrir la porta.

—Ei, ei! Posen els peus sobre el paper abans de pujar! —advertí Pere als passatgers, mentre estenia els fulls sobre el primer escaló de la porta.

—Com es veu que l'autobús és nou i el vol mantenir net! —digué la dona de l'abric negre i del barret—. Així m'agrada, que cuiden els autobusos públics.

—Si cadascú ens hem de torcar els peus sobre el paper, arribaré demà a la feina —rondinà un home gran, vestit de cambrer.

—I vosté que ho veja! —contestà Jordiet.

—Qui ha sigut aquest maleducat? —demanà l'home gran mirant els passatgers.

—És l'autobús —rigué la senyora de l'abric negre i del barret.

—Escolte, senyora, que no sóc tan fava! —protestà l'home.

Però cadascun dels passatgers hagué de torcar-se els peus sobre els fulls de paper.

En les parades següents, Pere s'acostava tant com podia a la parada coberta perquè els passatgers tingueren els peus el més eixuts possible. A la cinquena parada, ja estava fart d'haver d'obligar els passatgers a torcar-se els peus.

A la sisena, com que se li acabà el paper, hagué d'aturar l'autobús i avisà els passatgers que baixava a comprar més paper en el supermercat que hi havia a la dreta.

LINIA
15

—Doncs jo també baixaré, que necessite una mica de fruita —digué un home prim.

—Jo necessite comprar formatge —va dir una senyora jove.

I tothom va baixar, perquè tothom necessitava comprar alguna cosa.

Quan ja van tornar a l'autobús, Jordiet arrancà orgullós, mentre la gent comentava les seues compres.

—Així és més divertit —deia—. Per què hem de ser tan rígids en les parades i en les arrancades?

—Quan el gerent s'assabente que no complisc l'horari, em despatxa! —protestà Pere.

—Doncs ara córrec més!

I Jordiet recuperà el temps perdut.

Va ser a la tercera volta de línia, quan ja havia deixat de ploure durant una estona, que van tornar a passar per l'avinguda dels Ametlers. Mentre s'hi acostaven, Jordiet es fixà en un jove, que vestia de manera molt cridanera, amb tota la cara pintada, que estava enmig de l'avinguda i feia mim. Un rogle de gent reia les seues pallassades. Jordiet es quedà bocabadat mirant la gràcia del jove.

—Qui és, aquest jove, i per què va vestit així? —preguntà a Pere.

—És un pallasso, i es guanya la vida fent riure a la gent —respongué Pere.

—Que bonic! Que em puc quedar a veure'l una estoneta?

—I els passatgers? —preguntà Pere.

—A ells també els deu agradar.

Jordiet es quedà bocabadat mirant el pallasso. Els passatgers es van abocar a les finestres del costat de l'avinguda dels Ametlers i s'embadalien mirant l'art amb què treballava el pallasso. Mentre l'observaven, començà a ploure de nou. La gent buscà a corre-cuita el recer de les balconades, i el pallasso es quedà tot sol, sense saber què fer. Jordiet s'encongí de pena.

—M'he enamorat del seu art —va dir Jordiet.

—Sí, és un bon actor —assegurà Pere.

—No me'n mouria, d'ací!

—Però està plovent i no actuarà, ara. Què vols que fem?

—Què vull que fem?... Doncs, tu ho has dit. Com que plou i no hi pot actuar, crida'l i que actue ací! —ordenà Jordiet a Pere.

Pere mirà i veié que el pallasso s'havia arrecerat sota la lona d'un quiosc.

—Si no baixe i el cride, no te'n mouràs, veritat? —digué Pere a Jordiet.

—Bé que ho saps...

Pere es ressignà, obrí la porta de l'autobús, en va baixar i es va acostar, parant la pluja, on era el pallasso. Els viatgers pensaven que potser Pere pensava donar-li uns dinerets per l'estona que els havia distret. Però aviat s'adonaren que el pallasso es dirigia a l'autobús i que hi pujava, amb un fardell i el barret amb què demanava els diners.

—*Buon giorno, signorine e signorini* —saludà en italià els passatgers, fent una profunda reverència.

—Bon dia, senyor —van respondre els passatgers, contents de tenir-lo entre ells.

—*Vuoglio* fer-los passar *il giorno più agradabile* de la seua vida. Si *non hanno pressa*, gaudiran del *mio arte*.

Els passatgers es van posar a aplaudir-li i Jordiet saltava d'alegria. Tanta alegria, que arrancà sense que Pere se n'adonara.

—*Chè face, questa machina*? —preguntà en italià, en veure que l'autobús saltava.

—Està com una cabra! —exclamà un home pelut com una mona.

—*Io non* necessite cap cabra. *Non* sóc un *zíngaro* per *fare* ballar la cabra —va dir el pobre pallasso, que no n'havia entés ni una.

I el pallasso, des de davant de l'autobús, va estar tot el dia fent riure els passatgers, dels quals ara baixaven uns, ara pujaven uns altres, ja que la veu va córrer i tots maldaven per pujar-hi, i tots posaven dinerets al barret.

Entre els que van tornar a pujar, hi havia la senyora de l'abric negre i del barret, l'home dels cabells llargs i blanca barba, que havien d'estar sols a casa i ara sabien com distraure's. Es van embadalir tant amb les gràcies del pallasso, que no s'adonaren que el temps passava i passava i van haver de baixar a la mateixa cotxera, quan Pere acabà el torn, juntament amb el pallasso que havia enamorat Jordiet amb el seu art.

—*Prego*, us acompanye a casa —es va oferir el pallasso a la senyora de l'abric negre i a l'home de cabells llargs i blanca barba.

—Gràcies, jove —van dir.

I ell, fent-los riure, els hi acompanyà.

III
El cant del canari

—Bon dia, dormilec! — Pere saludà i desvetlà l'autobús, que s'havia quedat terriblement relaxat amb l'actuació del pallasso del dia anterior—. Que no penses fer feina, avui?

Jordiet féu un badall enorme, com només saben fer-lo els autobusos com ell. I va començar a voler imitar el pallasso de la vespra, però els seus moviments eren una mica desballestats, a causa del volum del seu cos.

—Em faràs plorar! —exclamà Pere.

—Xaval, que divertit deu ser fer riure la gent! Ja sé que no servisc, tan carregat de ferro i xapa! Saps què et dic? Que cada autobús havia de portar un pallasso a sobre perquè divertira la gent—proposà Jordiet—. Tothom hi puja sempre amb una cara tan estirada!

—Ja ho comentaré a la companyia. Quin dia de despatxar bitllets! Ja hi vas veure com anàvem de gom a gom tota l'estona! La companyia no farà negoci perquè no voldrà...

—És que només veus el negoci, tu? No et fixaves com reien els passatgers i com eren de feliços mentre feien un camí monòton i avorrit?

—Sí, sí, però si la companyia no guanya diners, jo no cobre, amic.

—Imagine que deus tenir la teua part de raó... —consentí Jordiet.

I mentre ho raonaven, van eixir al carrer a fer voltes sempre pel mateix camí.

Aquell dia era dilluns, dia de treball. Hi havia més moviment al carrer i el trànsit es feia més pesat.

—Que s'han tornat bojos? —exclamava Jordiet a cada punt, quan veia que els cotxes li passaven a frec, l'avançaven imprudentment o se saltaven els semàfors en ambre.

—Açò és el nostre pa de cada dia, tu! —rondinà Pere—. Si no vas amb compte, et foten una rascada que et lleven un quilo de pintura, o se't posen davall de l'autobús. Tots van amb presses...

—Animal! —cridà de sobte Jordiet, perquè un Citroën verd li entrà per la dreta i se li posà davant.

—Què t'he dit? —digué Pere.

—I per què no s'alcen més enjorn i van amb més tranquil·litat?

—Perquè tothom vol aprofitar el dia i se'n van a dormir tard. Després s'alcen amb una pressa que no tenen prou amb el circuit de Le Mans! Mira aquest! Has vist com s'ha saltat el semàfor en roig?

—Ja l'he vist i li he fet unes llumades!... Mira, ja tenim ací els primers passatgers.

Jordiet els va saludar, però ningú no li contestà.

—No t'ho deia, que s'alcen amb una cara de son que van dormint a la feina! —els excusà Pere.

De sobte Jordiet féu sonar la botzina tan fort que els passatgers van saltar de l'ensurt.

Tots van esbroncar el pobre Pere, que es quedà tan parat com els passatgers.

—Què pretens? —xiuxiuejà a Jordiet.

—Que es desperten i que alegren la cara! Veritat que van a la feina? Doncs que estiguen alegres, que no tothom en té!

Els passatgers miraven Pere amb cara de pomes agres. De sobte un passatger jove, vestit amb texans, digué:

—Ja he sentit dir que aquest autobús fa coses rares! No m'estranya que siga el conductor el que està com una cabra!

—Aguanta, Pere! —digué Pere baixet, qui no volia enfrontar-se inútilment a aquell jove que no sabia com les podia gastar Jordiet.

Finalment l'autobús es posà en marxa. La gent, amb la son a la cara, pujava o baixava en cada parada. Quan van passar per l'avinguda dels Ametlers, el pallasso encara no havia començat la seua funció. Va ser llavors quan Jordiet es fixà en les parades d'ocells que hi havia. Sentia com cantaven els ocells i aquell cant el va enamorar.

—Pere, que me n'he enamorat... —va dir en

sentir com cantava un canari, a qui semblava que li anava a rebentar la gorja.

—Ja tornem a ser-hi, xaval? —digué una mica molest Pere.

—Que encara no m'ha passat... Que m'enamore de la primera cosa que veig que m'agrada... —deia Jordiet, que no s'hi podia resistir.

—I, ara, de qui t'has enamorat? —preguntà Pere, per tractar de solucionar el problema.

—Veus aquell canari que canta tan bé? —l'assenyalà.

Pere es fixà en el canari. De sobte els cotxes que anaven al darrere, van començar a fer sonar les botzines.

—No tenen paciència —protestà Jordiet.

—Ara baixe i te'l compre —va dir Pere, que no podia retenir més el trànsit.

Davant de les protestes dels passatgers i dels sons de botzina dels conductors de cotxes, Pere baixà corrent, comprà el canari i pujà a l'autobús.

—I, ara, què? On deixe l'ocellet? Si el solte, se n'envolarà.

—Li dius al jove dels texans, que l'aguante amb la mà.

—Però, xaval! —protestà Pere.

—El que t'he dit, xavala! —cridà Jordiet.

Tothom mirà el conductor.

—Està com una cabra! —van començar a cridar.

—Ell està la mar de bé —va ressonar la veu de Jordiet.

Els passatgers es van astorar.

—Però, què passa? —va dir una senyora grassoneta.

—Que l'autobús parla! —respongué una xiqueta de cabells castanys i ulls verds.

Després que Jordiet els tornà a saludar, donant-los la benvinguda i desitjant-los un feliç viatge, demanà al jove dels pantalons texans que aguantara l'ocell amb la mà, que així cantaria i no se n'envolaria.

—I, per què jo? —protestà el jove, ben esglaiat de veure que l'autobús li manava agafar el canari.

—Perquè comproves que Pere no està com una cabra.

Quan va sentir que Jordiet li tirava en cara les paraules que havia dit, parà la mà, agafà l'ocell i es posà de cara al públic.

El canari començà a cantar tan melodiosament, que molts passatgers s'embadalien escoltant els seus refilets i feien una o dues voltes més en l'autobús, sense que els importara fer tard al treball. Uns altres, acabaven aprenent els refilets del canari i els entonaven amb entusiame. El jove, que tenia la intenció d'anar a la Facultat d'Econòmiques, es desfeia en agraïments cap a Jordiet i cap al conductor per haver-li oferit aquell favor, i estava satisfet de fer voltes i més voltes, perquè veia l'alegria amb què els passatgers escoltaven els refilets del canari i eren feliços.

Quan Jordiet arribà a la cotxera, es quedà adormit feliçment. Pere manà al jove que soltara el canari prop del parc dels Magnoliers, perquè hi trobaria refugi i menjar.

—Té dret a la llibertat, pobre —va dir—. Veges per què els han d'engabiar.

I el jove es va dirigir cap al parc dels Magnoliers i va soltar el pobre canari que recuperà la llibertat.

IV
El captaire contacontes

Quan Pere va engegar el motor, Jordiet intentà fer un refilet, imitant el cant del canari, però més aviat imitava el cant de la cucala escandalós d'un ànec d'aigua.

—Toca la botzina —li va dir, rendit d'esbufegar.

—Estàs més penjat que un llum! Què vols, que acudisca tota la tropa de conductors?

—Tu, toca-la!

Pere sabia que quan Jordiet es posava cabut,

no s'hi podia negar. Va tocar el més suau que va poder la botzina i Jordi feia desesperats esforços per imitar el refilet del canari. Unes notes desafinades, que van atraure l'atenció del gerent i de dos conductors més.

—Vejam si ara voldràs fer sonar la botzina com Louis Armstrong, tu! —va dir el gerent.

—M'han dit que ara distrau els passatgers fent-los jocs de mans —va dir un conductor.

—Ja m'has deixat en ridícul, xaval! —cridà baixet Pere—. Que no veus que hi ha coses que no es poden fer?

—Perdona, Pere! —va dir una mica humil Jordiet.

—Vinga, va, et perdone... Però sigues bon xic!

Entre les rialles dels seus companys, Pere abandonà la cotxera i es dirigí a fer la ruta diària. Jordiet, una mica afligit pel ridícul que havia fet fer al seu amic, semblava que havia abandonat la vena amorosa. Havia aconseguit passar l'avinguda dels Ametlers sense que s'haguera enamorat de ningú ni de res, tot i que en la segona volta es fixà en un cadell de gos que una xiqueta portava en braços.

Pere va creure que el seu amic havia recuperat una mica de seny. Molts passatgers baixaven desil·lusionats en veure que aquell autobús era tan normal com qualsevol altre i que tot el que havien vist els dies anteriors havia estat un somni, o tot el que havien sentit a dir sobre les coses estranyes i meravelloses que feia resultava una pura invenció.

El dia continuava ennuvolat. Feia més fred que el dia anterior. Un fred de tramuntana que feia que la gent anara ben abrigada.

Va ser prop de migdia, en passar per l'Albereda, que van parar per la cua de cotxes que hi havia esperant que el semàfor es posara verd, quan Jordiet va fer un gran sospir.

—Encara et despertes ara? —va bromejar Pere.

—Fixa't —va dir Jordiet, encenent l'intermitent de la dreta.

—No sé què vols dir! —digué Pere.

—Aquest home que està gitat al banc, tot cobert de cartons... —digué Jordiet.

—Ah, és un captaire que no té casa.

—Com és que no té casa amb tantes com en veig? —s'estranyà Jordiet.

—Sí, hi ha moltes cases, però no n'hi ha cap que siga seua —li explicà Pere.

—Ni les que veig que estan tancades?

—Ni aquestes!

—Es gelarà de fred —exclamà Jordiet.

—No podem fer res, nosaltres.

—Home...

—Quina idea et deu passar pel cap, digues?

—Que podem deixar-li un seient. Ací dins no patirà fred.

—Sí, home. I damunt li donem de dinar! —protestà Pere.

—Tot ho farem —replicà Jordiet—. Ja saps...

Pere féu una ullada als passatgers. N'hi havia de tota classe. Joves ben vestits. Joves amb camisoles per fora del suèter. Senyores i senyors ben vestits. Senyores i senyors que anaven o venien de la feina. Com respondrien si Pere pujava a l'autobús un home mal vestit, brut, i que podria fer olor?

—T'has tornat boig. Els passatgers abaixaran de l'autobús i, a mi, em fotran al carrer!

—Me'n faig responsable —digué Jordiet.

—Responsable, tu? Estàs com una cabra!

—Ah! Tu també ho creus?

—Home! Quines responsabilitats poden demanar a un autobús, eh?

—Vinga, que el semàfor ja és a punt de posar-se verd —digué Jordiet.

—Jo no responc del que puga passar...

Pere baixà de l'autobús, es dirigí on era el captaire. Li va explicar que, a l'autobús, estaria millor. Mentrestant començaven a sonar els clàxons dels cotxes perquè l'autobús impedia el pas per un dels carrils. Els passatgers miraven per les finestres què dimonis feia Pere parlant amb aquell pollós malgirbat, amb una barba de dies. Van veure que, finalment, el captaire abandonava sobre el banc els cartons que li havien servit de flassada i es dirigia cap a l'autobús.

Pere va obrir la porta del darrere de l'autobús, l'ajudà a pujar, i el va fer seure en un dels seients del darrere que estava buit.

Tot seguit, alguns dels passatgers, després que es van quedar amb els ulls esbatanats i bocabadats, començaren a elevar protestes.

—Què significa açò? —va dir un home, vestit amb una gavardina.

—El que hem de veure! —protestà una dona que vestia un abric de visó.

El timbre que indicava la pròxima parada no parava de sonar. Una dotzena de viatgers es van amuntonar a la porta d'eixida, després que deixaren els seus seients, pròxims al que ocupava el captaire.

Algun jove va murmurar que quina falta de solidaritat, però la resta de passatgers, allunyats del captaire, van esperar indiferents la seua parada.

Els passatgers que anaven pujant, es quedaven de la meitat de l'autobús cap endavant. El captaire era com un fre que els impedia acostar-s'hi. Una velleta de cabells lila, va dir en veu alta i tota astorada que quina pudor feia aquell autobús, i tots es van endur la mà al nas. En la pròxima parada, l'autobús va quedar buit.

—Xaval, no puc seguir així tot el dia. Aquest home mereix ajuda, però si els passatgers no pugen, m'estàs buscant la ruïna.

—Ja ho veig, però no el podem abandonar. Veges què penses.

—Pense que li cal roba nova i una bona neteja. A més d'un bon dinar.

—No tens uns estalvis, tu?

—Els necessite per al pis.

—Un pantaló i una jaqueta no valen tant com un pis... Ara que anem sense passatgers, podries mirar-ho. Ja recuperaré temps, després. I, pels passatgers, no et preocupes. Tinc una idea.

—Una idea?

—Sí. Recordes el col·legi per on passem cada dia?

—Sí...

—Doncs, ja veuràs. Enfront del col·legi hi ha una botiga de roba i un bar. Tu, compra-li la roba a aquest home... Després, li dónes diners i que entre al bar, que es rente i que menge...

Cent metres més enllà hi havia el col·legi i enfront hi havia la botiga de roba. Pere va fer baixar el captaire, li comprà roba nova d'abric i li donà uns diners.

—Ara, acompanye'm a aquell bar. En conec l'amo. El deixarà que es rente i que es canvie. Després li donarà de menjar. No és que a mi m'importe com vosté vulga anar ni la vida que vulga fer, però ja veu que he perdut els passatgers —li va explicar—. Després, quan torne a passar, si vol, i no troba on estar-se, el tornaré a deixar pujar.

—Faré el que vosté vulga, jove. Estic tan sorprés de la seua conducta, que encara no entenc per què ho fa ni li he donat les gràcies... Vosté deu estar una mica boig, veritat?

—Per què ho diu? —s'estranyà Pere.

—L'he sentit parlar amb l'autobús. És vosté un gran ventríloc. Però ja li dic, està una mica boig. Jo, de vosté, m'ho faria mirar... Però ja que vosté ha obrat tan desinteressadament, jo li ho recompensaré.

—M'ho recompensarà? Com?... —s'estranyà Pere.

—Després que hauré dinat, i que tindré més forces i més bon humor, tornaré a pujar a l'autobús, sí. No sabria què fer... Distrauré els seus passatgers contant-los belles històries... Jo era un contacontes. Anava pels col·legis contant històries als nanos, fins que un dia, orgullós del domini que tenia sobre les històries i els seus personatges, vaig gosar contar una història del final al principi. Vaig començar bé però finalment em vaig fer un embolic tan gran amb els personatges, que no sabia lligar-ne cap. Jo dic si els personatges de les meues històries van castigar el meu atreviment. Qui era jo per a trastocar l'ordre dels fets, fer-los respondre abans que se'ls preguntara, fer-los riure o enrabiar-se abans que es donara el motiu? Es degueren sentir ridículs, humiliats, desorientats....

—I tant! —va exclamar Pere.

—Des de llavors que em vaig fer el propòsit de recórrer el món buscant el s personatges d'aquelles històries. Retornar l'ordre dels fets i de les paraules. He estat anys vagant, rodant mig món, sense aconseguir-ho. Fins que fa tres dies, un xiquet va seure, en companyia de la seua mare, en el banc que hi havia davant del que jo seia, amb un llibre de contes a les mans que havia acabat de comprar el dia de Sant Jordi. El sol del matí il·luminava el seu rostre infantil. Va començar a llegir en veu alta la primera història, amb una veu tan innocent i alhora tan convençuda que aquelles històries eren de deveres, que vaig començar a recordar pel seu ordre totes i cada una de les històries que jo sabia. Per això ara puc tornar a contar-les.

Pere deixà anar unes llàgrimes, perquè s'havia emocionat al mateix temps que el pobre captaire s'emocionava per haver recordat les seues velles històries.

—No vull que em recompense amb res... Però si vol tornar a contar les seues històries, no li ho impediré, jo... Crec que li deu fer una gran il·lusió. Ara, vista's, menge, i ja tornaré.

I Pere tornà a l'autobús. Com durant unes parades anava sol, relatà a Jordiet fil per randa el que havia fet amb el captaire i el que aquest li havia contat.

—Quina espècie de cosa sou els humans! —exclamà Jordiet al cap de poc.

—De cosa, has dit? —preguntà Pere.

—Doncs, sí. De cosa. Perquè no sé com qualificar-vos. De vegades us comporteu com a persones. Unes altres, com una cosa.

—Si no t'expliques... —es queixà Pere, una mica molest de sentir-se tractat com a cosa.

—No és una cosa una llauna que trobes tirada pel carrer? —començà Jordiet el seu raonament.

—Sí —afirmà Pere sense saber on podia fer cap, allò.

—No és una cosa una bossa de plàstic, el paquet de cigarrets que és buit, posem per cas? —continuà Jordiet.

—Sí, sí...

—I, quan no us serveix, què en feu? O bé li pegueu una puntellada, si trobeu la llauna al mig del carrer, o tireu la bossa de plàstic o el paquet de cigarrets buit a la paperera... —exposà Jordiet.

Pere endevinà ràpidament quina era la conclusió que Jordiet tenia pensada. Per això se li avançà, per no sentir-se tan avergonyit si ho sentia de veu d'un simple autobús que, en teoria, mancava de sentiments.

—Vols dir que hem tractat aquest captaire, com que no en fa cap profit, com una cosa.

—Exactament! I no ho dic per tu, personalment...

—També me'n sent culpable, jo! —el tallà Pere—. Si no t'hagueres encabotat a pujar-lo, jo no hauria mogut ni un dit... Més encara, ni l'hauria vist.

Jordiet callà un moment. Notava a través de

les mans de Pere, aferrades al volant, el sentiment de culpabilitat que l'envaïa.

—Tu ho has dit. Acostumat a recórrer un dia i un altre la mateixa ruta, mires sempre al davant sense adonar-te del que hi ha als costats. Ets incapaç d'observar la vida que pul·lula per les voreres. Molt diversa, sí. Però ja veus el que ha costat rescatar aquest home de la seua misèria!

—Però si haguera de vestir i de donar de menjar a tots els captaires, no tindria prou amb els meus estalvis, Jordiet! —s'excusà Pere—. I si haguera de pujar a l'autobús tots els captaires que per desgràcia hi ha en aquesta ciutat, necessitaria tota la flota de la companyia!

—Mira, és una bona idea! Algun dia ho hauríem de fer. No creus que seria una manera de cridar l'atenció?—digué Jordiet ben emocionat.

—Sí, sí, i tant, xaval! I una bona manera de fotre'm una puntellada al cul i quedar-me sense feina! Aleshores jo formaria part d'aquest grup de captaires! —cridà Pere tot astorat.

Jordiet es quedà rumiant les paraules de Pere.

—Sí, potser tens raó. Haurem de pensar alguna altra cosa...

Es va obrir la porta del davant i van entrar els primers passatgers.

—Ja no tenim la cosa desagradable —va murmurar baixet Jordiet.

—Ara, calla —li ordenà Pere.

Van haver de fer sis voltes abans que el captaire estiguera disposat a pujar. Mentre dinava, havia començat a contar al seu veí de taula una història i ben prompte la resta de comensals, a mida que acabaven les postres, es posaven al voltant de la seua taula i escoltaven aquelles velles històries que, després de tants anys oblidades, ara semblaven noves en boca del captaire. Fins i tot quan el restaurant hagué de tancar a mitjan vesprada, encara la resta de comensals van romandre una hora drets sobre la vorera escoltant fins que acabara l'última història.

Quan va pujar a l'autobús, el contacontes continuà contant les seues històries. Els passatgers buscaven una excusa per allargar el seu viatge, de manera que l'autobús feia voltes i més voltes, perquè ningú ja no podia pujar. Cada volta els mateixos passatgers baixaven per la porta del darrere i tornaven a pujar per la del davant, barallant-se per no quedar-se fora.

V
Els xiquets del col·legi

—Quins contes més bonics que va contar el contacontes aquell! —va exclamar Jordiet només Pere va seure a l'autobús.

—Si les companyies foren llestes, llogarien cada dia un contacontes, un pallasso, o farien cantar un ocell... Els autobusos resulten molt avorrits! Que si para, que si mou, que si puja la gent, que si baixa... I sempre igual.

—Sí, Pere! Avui també voldria que fóra un dia tan divertit com aquests dies! —exclamà Jordiet.

—Mentre no em tiren al carrer! Però, vinga, que farem tard!

I Pere va engegar l'autobús. Feia també un dia assolellat. D'autèntica primavera. Van començar a pujar els primers passatgers. La dona de l'abric, l'home de la barba blanca i llarga, la xiqueta del llaç al cap i sa mare...

—Pere, ha tornat a pujar la xiqueta del llaç! —sospirà Jordiet.

—Avui ja no és el dia de Sant Jordi, entesos?

—Tranquil.

La xiqueta del llaç va seure al primer seient, per si Jordiet la demanava. Portava ara una cartera escolar. Sa mare va seure al seu costat.

—Bon dia a tots! —exclamà Jordiet.

—Bon dia —li van contestar els primers passatgers.

—Bon dia, Rosa! —va saludar la xiqueta.

—Bon dia, Jordiet —li va contestar ella—. Com estàs?

—Disposat a fer el viatge ben agradable als meus passatgers.

—Avui el meu viatge serà curt —va dir ella—. Baixaré al col·legi de l'Albereda.

I així va ser. Quan l'autobús va arribar, sis parades més allà, davant del col·legi de l'Albereda, Rosa li va llançar un bes enlaire i se'n va baixar. Jordiet va veure com es dirigia cap a l'entrada del col·legi. Hi havia tot de xiquets i xiquetes, amb els seus vestits acolorits, els seus crits i les seues carteres.

—Tantes vegades que hem passat per ací davant, i que poc que ens hi hem fixat, Pere! —va exclamar Jordiet.

—Ara t'hi has fixat perquè has vist que entrava Rosa, el teu primer amor!

—També podria ser... —va assentir Jordiet.

I van reemprendre el trajecte. Jordiet es va posar cavil·lós. No parlava molt. S'oblidava de saludar els passagers nous que pujaven a l'autobús. A Pere no li va passar per alt. «Veurem per on ix aquest, avui!», va marmolar entre dents.

—Deies alguna cosa? —va preguntar Jordiet.

—Que acabarà plovent, avui —va dir Pere.

—Si fa un dia d'allò més assolellat! —s'estranyà Jordiet.

—Per això mateix.

—Que estranys que sou!

Jordiet no llevava els ulls del col·legi cada vegada que passava per davant.

—Com és que no hi ha ningú? —va preguntar, tot estranyat.

—Són dins de les aules. Allí els ensenyen coses —va explicar Pere.

—Tancats?

—Sí, tancats. Què vols, que se'n fugen?

—I com poden aprendre coses si estan tancats? —es va estranyar encara més Jordiet.

—Hi ha un professor que els va explicant coses: els ensenyen a parlar, a llegir, a comptar, coses de la natura...

—I no s'avorreixen, d'estar tancats? —insistia Jordiet.

—Com pot fer-se escoltar un professor si cada alumne es posa on vol, eh? Dic jo que hauran d'estar el més junts possibles! D'ací a unes voltes veuràs que ixen al pati una estona per a esmorzar i jugar...

—Aaaahhhh! Bé està això! Però una estona se'ls ha de fer curta, no? —va exclamar Jordiet, a qui va venir al cap una gran idea.

—Mira, no em mareges! Sempre ha estat

així! Quan jo era menut, ja era així! —va dir enfadat Pere.

—No t'enfades, home! Jo ho he de preguntar perquè no he estat mai en cap escola. I mira, sé parlar.

—Però no deus saber quina és la capital de França!

—És París! —contestà ràpidament Jordiet.

Pere es va quedar amb un pam de nas.

—I com ho has sabut? —va preguntar.

—L'altre dia, quan vas posar la cosa aquesta que parla...

—El radiocasset —li va aclarir Pere.

—Doncs, això. Quan va donar notícies, va dir que a París, la capital de França, hi havia una manifestació de bombers.

—O siga, que tu aprens tot el que escoltes.

—Així és, amic meu.

Pere va connectar el radiocasset baixet i va continuar conduint. Jordiet es distreia sentint la música, la tertúlia o les notícies que retransmetia aquell aparell. Però cada vegada que passava per davant del col·legi, hi mirava. Fins que, a l'hora de l'esplai, els alumnes van eixir al pati. Era l'hora en què l'autobús anava quasi buit.

—Que bonic, veure'ls jugar! —va exclamar Jordiet.

—Quin maldecap, haver d'estar escoltant els seus crits! —marmolà Pere.

Canviant el to de veu, i volent dur endavant el seu pla, Jordiet va dir:

—Vull que pugen!

Pere es quedà tallat. Desconnectà el radiocasset i va preguntar:

—Què has dit?

—Que vull que pugen! Vull portar-los al parc d'atraccions! —va dir Jordiet amb veu ferma.

—Però si en són cent i la mare! Com els faràs cabre en un autobús de trenta places?

—Farem tots els viatges que calga. Ara de matí quasi no puja ningú. Aniré que volaré i quasi no es notarà.

Pere feia petites accelerades a veure si Jordiet, distret, arrancava. Però, no. Es mantenia ferm.

—Ja sé que si no els pugem, no te'n mouràs... Bé, hauré de parlar amb el director del collegi... No cregues que ho tenim fàcil, saps? Si diu que no, serà que no.

—Tu, pregunta-ho.

Pere va deixar l'autobús ben aparcat en la parada i es dirigí al col·legi. Va demanar pel director i va aparéixer una directora. Va assenyalar l'autobús i li va explicar que els podia dur gratuïtament al parc d'atraccions. Els xiquets, que havien parat l'orella, van començar a cridar que sí que hi volien anar. Es va armar tan gran desori, que la directora només va poder aturar-lo dient que bé, que passarien el dia al parc d'atraccions com una activitat lúdica.

Van posar els alumnes, de més menuts a més grans, ben ordenats, i van començar a pujar els primers alumnes. Pujaven contents, cridant, corrent per a escollir el millor seient.

—Quina vivor! Com es mouen! Que contents que estan! —exclamava Jordiet.

—Acabaran trencant-m'ho tot! Però tota la responsabilitat recaurà sobre tu, amic! —protestà Pere.

—Vinga, Pere, recorda quan tu eres un xiquet. Hauries preferit estar a l'aula tancat o que et portaren a un parc d'atraccions?

—Home, si et poses així... —consentí Pere.

—Doncs imagina't que ara ets un d'aquests xiquets. En comptes de fer voltes i voltes pel trajecte de sempre, ens n'anem al parc d'atraccions. Olirí, olirà! Olirí, olirà!... Vinga, canta, Pere, que ens n'anem de festa! Olirí, olirà!...

—Olirí, olirà!... —va començar a entonar de mala gana Pere.

Tots els xiquets de l'autobús van començar a cantar «olirí, olirà!», i tot l'autobús es convertí en una festa.

Quan van arribar al parc d'atraccions, baixaren tots els xiquets com si se'ls hagueren obert les portes de la terra de les meravelles. I així va repetir-se fins que el darrer alumne acudí al parc d'atraccions. Jordiet els contemplava des del seu estacionament, embadalit de veure'ls tan feliços.

—Rosa m'ha presentat les seues amigues, saps? —li va dir a Pere—. No saps que contenta està que l'altre dia me n'haguera enamorat, d'ella!...

—Tu t'enamores del primer pixaví que passa! —va dir enfadat Pere.

—No vull que t'enfades, Pere; vull que vages al parc. Que et divertisques com un xiquet més. Avui és el teu dia de festa.

COL.LEGI
LINIA 15

Pere, com que ja coneixia Jordiet, va agafar el seu entrepà i va marxar al parc. Al principi es veia com un estrany, entre aquella munió de criatures. Però a poc a poc, va pujar ací, va pujar allà, i no tardà a portar darrere seu més de vint criatures que anaven on anava ell i pujaven on pujava ell, tots rient.

—Aquest home no sabia què era un dia de felicitat des de fa temps —va marmolar Jordiet, a qui se li van empanyar els vidres del parabrisa de l'emoció que sentia.

Quan el sol ja volia pondre's, van decidir que era hora de tornar al col·legi. Els pares esperaven els seus fills tranquils, perquè a la porta del col·legi hi havia un paper d'avís que deia: «Som al parc d'atraccions. Ja en tornarem».

VI
Uns ulls àrabs i la mar

L'endemà, el gerent de l'empresa, assabentat de l'aventura que l'autobús de la línia 15 havia protagonitzat la vespra, va cridar el seu conductor al despatx i li va dir que ja n'estava fart.

—Ja estic fart de sentir parlar tots els dies d'aquest autobús que diuen que parla! —va bramar—. O deixes de fer broma amb els passatgers, o et despatxaré a la primera de canvi!

—Jo no faig broma amb els passatgers, senyor! És l'autobús, que és jove i està ple de bons sentiments i m'obliga a fer coses que jo no vull!

—Un autobús ple de bons sentiments? Que t'obliga a fer coses que tu no vols? —va cridar incrèdul el gerent.

—Sí, senyor! Es para al mig del carrer i no arranca si no faig el que ell em diu...

—Ha, ha, ha!... —va riure—. T'hauré de despatxar per boig, Pere! Si no ho faig és en memòria de ton pare, que fa deu anys que està rodant en autobús perdut pel món! A qui se li ocorre comprar un canari i fer-lo cantar fins a l'última volta? O fer pujar un pallasso perquè agafe l'autobús com si fóra un circ? O que hagen de baixar els passatgers perquè puges un captaire que put a merda?... Però que ahir abandonares la ruta i t'emportares tots els xiquets d'un col·legi al parc d'atraccions, això ja se n'ix de mida!

—Van ser molt feliços! —es va excusar Pere.

—A qui no agrada més estar al parc d'atraccions que al col·legi?... Que no es torne a repetir, entesos? —va ordenar-li el gerent.

Pere va alçar els muscles, perquè sabia que no depenia d'ell.

—Entesos? —repetí el gerent.

—Per mi, sí...

Pere es dirigí a l'autobús, quasi plorant. Quan Jordiet el va veure, tan trist, li demanà què li havia passat. Pere li ho va contar tot.

—Ara veuràs tu aquest! Engega'm! —li ordenà Jordiet.

Pere va engegar l'autobús i aquest es dirigí cap al despatx del gerent.

—No tens per què pagar-ho tu! —cridava.

Quan el gerent va veure que l'autobús es dirigia cap al seu despatx, es va aterrir i va fer l'acció d'abandonar-lo corrents.

—Tranquil, que no el pense matar! —va dir Jordiet—. Ara vull que m'escolte un moment.

El gerent mirava Pere, que estava callat. No era la seua veu, tampoc. L'autobús, alhora que parlava, es balancejava d'un costat a l'altre.

—Pere no té culpa de res del que ha passsat —va continuar Jordiet—. Sóc jo, que m'enamore de la gent i els faig pujar a l'autobús. De manera que ja li està demanant disculpes al pobre Pere.

El gerent s'havia refet. Tres conductors més i set oficinistes miraven amb ulls esbatanats tot el que estava passant. El gerent va manar a Pere que li obrira la porta de l'autobús. Va pujar dalt i de seguida va rebre un bon dia, educat, de Jordiet. El gerent va mirar en el casset per si hi havia alguna cinta gravada. Però no n'hi havia cap. Va escorcollar tot l'autobús. Res.

—És molt desconfiat, vosté —va sentir que deia Jordiet.

—No crec que els autobusos parlen —va protestar molt enfadat el gerent.

—I per què em contesta? —va preguntar Jordiet.

Els conductors i els oficinistes, que no havien perdut detall, van riure la resposta de l'autobús. El gerent, en veure's ridiculitzat, va abandonar-lo i assenyalant-lo amb la mà, el va amenaçar:

—Si en tornes a fer una altra, et tancaré a la cotxera i no n'eixiràs mai!

—Quin geni més cagat! —exclamà Jordiet.

I encara van riure tots més.

Quan ja van estar fora de la cotxera, Jordiet va dir a Pere:

—Pere, no pense fer-li cas, saps? Aquest home és una persona insensible, i així no es pot fer feliç la gent. Li haurem de donar una bona lliçó!

—Però ja has vist que si tornem a fer-ne una altra, em despatxa!

—Em solidaritzaré amb tu! O em condueixes tu, o no moc ni una roda!

—T'ho agraïsc, Jordiet!

Van arribar a la primera parada. Jordiet va saludar la majoria de passatgers, ja coneguts, i va dir, després:

—Els demane un aplaudiment per al pobre Pere; el poca-solta del gerent l'ha renyat perquè deixem pujar pallassos i contacontes, o perquè fem cantar un canari durant el trajecte.

—Qui és el poca-solta del gerent? —va demanar la dona de l'abric negre i barret—. Ja li faré jo una visita.

I es va posar a aplaudir Pere i tots la van seguir.

—Tenim el millor conductor del món i tenim l'autobús més original i divertit de tots! —va dir l'home de la barba blanca i llarga.

Quan l'autobús va passar per davant del collegi de l'Albereda, tots els xiquets i xiquetes es van posar a saludar-lo.

—Bon dia, Jordiet? Que també ens duràs avui al parc d'atraccions? —preguntaven.

—Un altre dia us hi tornaré a dur —va dir ell.

I encara el van aplaudir més. Quan va passar a l'hora de l'esplai, tots es van abocar al carrer per saludar-lo. Però no el van veure passar a migdia.

En la volta següent a la de l'esplai, Jordiet va veure una dona amb un vestit llarg i un mocador al cap. Anava acompanyada d'una xiqueta d'uns deu anys.

—Aquesta dona no vist com la resta —va comentar Jordiet a Pere.

—Aquesta dona és d'una altra cultura. És àrab.

—És àrab? Què vol dir això? —va demanar Jordiet que no distingia aquestes coses.

—Que tu estàs acostumat a veure la gent d'aquesta ciutat, que vist de manera semblant; parlen la mateixa llengua; mengen coses iguals... Però el món, Jordiet, és molt gran. En altres llocs visten diferent, parlen altres llengües, mengen coses diferents, creuen altres coses... —tractava d'explicar-li Pere—. Aquesta dona és d'un d'aquests llocs i ha vingut a viure ací. Potser perquè busca feina. I continua vestint conforme vestia al seu país...

—Vols dir que el món és gran, gran...? Més que la ruta que fem? —es va estranyar Jordiet.

—On vas a comparar? Encara que férem totes les voltes que fem en un any, no acabaríem, ni de bon tros de veure el món! —li va explicar Pere.

—I què fem sempre fent la mateixa ruta, si el món és tan gran? —va preguntar Jordiet.

—Perquè som la línia 15. Tots els passatgers que pugen, fan aquesta ruta. Si anàrem cada dia per un lloc, no sabrien en quin autobús pujar, m'entens?

—Estem lligats de mans i peus, no?

—Sí...

L'autobús va fer la seua parada. La dona i la xiqueta àrabs es van parar davant d'un aparador d'una tenda de joguines. Jordiet no els llevava els ulls de damunt. I en un moment, es va trobar, a través del vidre de l'aparador, amb els ulls de la xiqueta, que el miraven. I va descobrir uns ulls grans, negres com dos trossets de carbó.

—Pere! —va cridar Jordiet.

I a Pere li va entrar una tremolor, que no s'aclaria a despatxar els bitllets.

—Què dimonis voldràs, ara?

—Mira els ulls d'aquesta xiqueta, l'àrab, que dius tu...

Pere va buscar els ulls de la xiqueta i els va trobar al vidre de l'aparador.

—Són preciosos!

—I tant! I que no puc evitar d'enamorar-me'n, Pere! —continuà Jordiet.

—No, no i no!... —s'agafà Pere els pocs cabells del cap, deixant sobre la tauleta els bitllets—. No, no i no!... —continuà.

—Què li passa, a aquest home? —va exclamar una dona carregada de joies.

—Que l'autobús es deu haver enamorat d'algú —va dir el jove de cabells en punta, amb tota la normalitat.

—Vol dir? Ara els autobusos també s'enamoren? —va riure la dona, movent les joies de les dues mans.

—Que no tenim dret? —li va respondre Jordiet.

—Oh, oh!... —es va espantar—. Protestaré a la companyia —va dir.

Pere, per no fer perdre temps als seus passatgers, va baixar, va parlar amb la senyora àrab i la xiqueta i les invità a veure la ciutat gratuïtament des de l'autobús. La dona li va somriure i va accedir al seu prec. Quan va pujar, somreia a tothom, agraïda.

—Gràcies —deia, amb un accent especial.

—Tu, Pere, mira davant. Ja miraré jo els ulls de la xiqueta —li va dir Jordiet.

—Que penses estar, tot el dia, mirant-li els ulls? —va protestar Pere.

—Crec que no em cansaria en tota la meua vida! Quina bellesa! Quina vivor! Tots els àrabs tenen aquests ulls? —va demanar.

—Crec que sí...

—Pregunta a la xiqueta com li diuen...

Pere, a la pròxima parada, s'acostà a la xiqueta i li demanà com li deien.

—Aixa... —va contestar.

—Hola, Aixa —la va saludar Jordiet.

Aixa pensava que era el conductor.

—Sóc jo, Aixa, l'autobús. Em dic Jordiet.

Ella va riure el que pensava que era una gràcia del conductor.

—Què t'agradaria veure d'aquesta ciutat, eh? —va tornar a sentir que li preguntaven.

Ella va mirar sa mare, sense saber què dir. Sa mare li va fer un xiuxiueig a l'orella.

—M'agradaria veure la mar. No l'he vista mai... —va dir amb una veu temorosa.

—La mar? No hi ha res més fàcil que veure la mar en aquesta ciutat —va dir Jordiet—. Segur que alguns dels passatgers ens voldran acompanyar per descobrir en els teus ulls què se sent quan es veu per primera vegada la mar —va dir.

Molta gent va alçar la mà demanant acompanyar la xiqueta a vora mar i descobrir els seus ulls meravellats. La dona carregada de joies va dir que ella tenia pressa i que ja havia vist massa vegades la mar.

—T'omplis d'arena i t'has de rentar els peus, després. Jo baixaré a la meua parada!

—Ací ens sobren les persones que només es miren les mans enjoiades! —va dir el jove de cabells en punxes—. Ens poden enlluernar!

La dona se'l va mirar amb menyspreu i va baixar a la parada següent. Als passatgers que pujaven de nou, el conductor els advertia que havien de passar un moment per vora mar, que aquella xiqueta d'ulls grans i negres no l'havia vista mai i li la volien ensenyar. I una majoria s'hi afegia amb alegria.

L'autobús es va atansar a vora mar. Quan Aixa la va veure de lluny i anava descobrint que aquella bassa d'aigua es feia més i més gran, va dir:

—És més gran que un desert d'arena!

Però quan va baixar de l'autobús, acompanyada de sa mare i de tots els passatgers de l'autobús i s'hi va acostar, es va quedar a una distància prudencial perquè no sabia si aquelles ones caminarien sense final. I els seus ulls van mirar amb intensitat tota la mar, fins a l'horitzó, i la mar va penetrar en els seus ulls, que van reflectir totes les tonalitats del verd.

—Ara, vine —li va dir una senyoreta molt bonica.

La va agafar de la mà i la va acostar vora les ones. La senyoreta es va ajupir i va agafar aigua amb la mà. La va passar a les mans d'Aixa. Ella es va fregar la cara.

—Ara, descalça't —li va manar la senyoreta. Ella també ho va fer.

I amb una mica de por, però plena d'alegria, Aixa es va acostar a l'aigua i va deixar que l'aigua remullara els seus peus. A poc a poc va anar entrant més endins, davant de les advertències de la mare, que temia per aquell monstre de cara amable. Tots els passatgers van aplaudir quan la primera ona va trencar als peus d'Aixa i li va mullar les cames fins a les cuixes. Ella saltava d'alegria. Agafava l'aigua de la mar i s'esguitava tota i va començar a esguitar sa mare i els passatgers, tant contenta com estava.

Jordiet la mirava embadalit.

—Ja no oblidarà mai la mar. I si mai torna al seu país, dirà que la mar és com un immens desert, però cada gra d'arena és d'aigua. Cada duna és una ona.

La velleta d'abric negre i barret, l'home de cabells llargs i barba blanca i el jove de cabells en punxes la miraven embadalits.

—Quan descobrim la mar, és com si ens descobrírem una mica nosaltres —va dir l'home de cabells llargs i blanca barba.

Quan Aixa va dir que ja coneixia la mar, i es va amarar amb la seua aigua, van tornar tots a l'autobús. Aixa i la seua mare van voler fer una volta més per agrair a Jordiet i al conductor la seua amabilitat. Després es van perdre per la ciutat. Aixa duia els ulls negres tacats de mar.

VII

El país de sempre aniràs...

El gerent estava esperant l'arribada de Pere, dret davant de l'autobús de la línia 15. Quan va arribar, el va mamprendre a crits, recordant-li que no havia complit la promesa de seguir el trajecte i per tant l'anava a despatxar i a deixar l'autobús indòmit a la cotxera.

—Ja me n'he assabentat que vau abandonar la línia i vas fer cap a la mar per ensenyar-li-la a una xiqueta! Que ara haurem de portar cada passatger on vulga? —va bramar, indignat.

—L'autobús no volia arrancar si no la hi portava —es va excusar Pere.

—Mira, jo no sé quina mena de màgia fas amb l'autobús aquest, però ja n'estic fart! Ja estic fart de parlar amb bojos! —s'indignava més i més el gerent.

—No és just! —se sentí que protestà Jordiet.

—Tu, calla! —li ordenà el gerent.

—Jo sóc l'únic responsable.

—Màgia! Màgia! —repetia el gerent.

—Per què no deixa que ell li ho explique?... —va demanar Pere com a últim recurs de no ser despatxat.

—Que un autobús m'explique... què? És que ara raonen? Quan s'ha vist això? Passa per les oficines i que et donen la liquidació. Només calia que fera cas dels jocs de màgia, jo, ara!

Pere va acatxar el cap, sense poder defensar-se, va mirar Jordiet amb llàgrimes als ulls, i es va dirigir a les oficines perquè li pagaren i per signar l'acomiadament.

Jordiet va començar a fer sonar la botzina. Però el gerent es feia el desentés del que creia que no era més que màgia. Pere va signar amb el cor

LINIA 15

sagnant la liquidació, va cobrar, es va dirigir a Jordiet, que va deixar de fer sonar la botzina per no molestar el seu amic, li va fer un bes al davant, el va tocar amb les mans. Li dolia separar-se'n, i plorant, se'n va anar.

—Adéu, amic —deia—. He après moltes coses amb tu.

—Adéu, Pere. Has estat el millor conductor del món. Si no és amb tu, no me'n mouré, d'ací.

Pere va començar a vagar pels carrers de la ciutat. Plorava d'amagat i havia de simular que mirava alguna cosa als aparadors de les botigues. Quan passava un autobús de línia, es quedava mirant-lo fins que es perdia carrer amunt. Com els ho diria, a sa mare i a la seua xicota? Es creurien que Jordiet parlava i exigia que pujara aquest o l'altre passatger, o d'anar ací o allà, desviant-se del trajecte? També el prendrien per boig? I vagava i vagava fins que va fer cap a l'Albereda. Va seure en un banc, mirant com volaven els coloms, com passejaven les mares amb els seus nadons, o els jubilats amb un diari sota el braç... No tenia humor ni de cobrar el xec que l'empresa li havia donat com a liquidació. El que menys li importava eren els diners.

Així van passar les hores. Es va fer migdia. S'estava bé, assegut sota els àlbers. De sobte va veure que l'Albereda s'omplia de xiquets i xiquetes que venien acompanyats dels seus pares o venien sols, si eren majors. Va recordar que allí hi havia el col·legi que feia dos dies havia dut al parc d'atraccions. Ho va recordar amb il·lusió. Els veia passar. De sobte, una xiqueta va dir:

—Aquell és el conductor que ens va dur al parc d'atraccions!

I va veure com un grup d'escolars se li acostaven. I que la veu corria d'uns a altres i que el nombre de xiquets augmentava. Tots li volien dir que s'ho havien passat bé. Que quan tornaria a portar-los-hi.

—Avui no hem vist passar l'autobús —va dir Rosa, la xiqueta del llaç.

A Pere se li va fer un nus a la gola.

—Avui Jordiet no ha eixit de la cotxera —va marmolar.

—Que tenia el motor avariat? —va preguntar un xiquet ple de pigues.

Pere ho va negar amb el cap, amb els ulls humits.

—I què li ha passat? —tornà a demanar Rosa.

—Que diu el gerent que com Jordiet fa el que vol, no el vol traure més de la cotxera.

—Què vol dir que fa el que vol? —tornà a preguntar el xiquet de les pigues.

—Que un dia us vol dur a vosaltres al parc, ahir va voler dur una xiqueta d'ulls negres a conéixer la mar, un altre dia va voler pujar un pallasso perquè fera riure els passatgers...

—Que divertit! —van exclamar els escolars.

—El gerent no ho entén així... Per això m'ha despatxat.

—I on és la cotxera? —va demanar un xic major, de cabell tallat en boina.

Pere els ho va explicar.

—I a quina hora l'obrin?

—A les vuit.

—Doncs demà, senyor, a les vuit, volem que vosté estiga allí —va dir el xic.

—Què penses fer? —va demanar Pere.

—Això és cosa nostra —va dir ell mirant la

resta d'escolars—. Però hem de solidaritzar-nos amb l'autobús de la línia 15.

—Jordiet, es fa dir —va dir Pere.

—Doncs ens solidaritzarem amb Jordiet!

Li van encaixar la mà i se'n van anar com un esbart de coloms.

Pere no tenia ni idea del que pensava fer aquell grup d'escolars. Però per no defraudar-los, hi va acudir, l'endemà, ben puntual. Quan va arribar, ja hi havia més de trenta escolars esperant-lo. Només el van veure, van desplegar unes pancartes on demanaven la restitució de l'autobús de la línia 15, i que fóra el seu antic conductor el que el conduïra. Quan el gerent va veure els escolars i Pere juntament amb ells, la premsa que feia fotos i la directora de l'escola, li van entrar uns nervis, que no va rebentar perquè portava el cinturó del pantaló ben lligat.

Els escolars van començar a cridar. Conductors i oficinistes ho miraven tots admirats. Jordiet va començar a fer sonar la botzina d'alegria. I a tremolar d'emoció. En un d'aquests tremolors, se li va obrir la porta i els escolars van abandonar les pancartes i van pujar a dalt. Pere no va dubtar a fer-ho.

—Hola, Pere, ens tornem a trobar —el va saludar Jordiet ple d'alegria—. Les claus són al pany, així que engega'm i mourem.

Pere va engegar el motor. El gerent manava que el parara. Els periodistes i la directora miraven els escolars plens de felicitat.

—I on anem? —va preguntar Pere.

—Recordes que em vas dir que el món era més llarg que un any fent el nostre trajecte diari? —li va recordar Jordiet.

—Sí.

—Doncs anirem a conéixer totes aquelles terres. Serà com el país d'aniràs i, com deu ser tan gran, de mai no tornaràs... Tinc prou de gasolina al depòsit? —va demanar Jordiet.

—Sí. És ple.

—Doncs, mou.

I quan va moure, Jordiet va cridar perquè el sentiren tots:

—Senyores i senyors, marxem cap al país d'aniràs i mai no tornaràs... Ara sí que farem un viatge ben divertit.

Els escolars van arrancar en un aplaudiment que va apagar els crits de protesta del gerent. La directora desitjava als seus alumnes un feliç viatge. Els periodistes en van deixar testimoni gràfic, d'aquella marxa, perquè encara a hores d'ara, l'autobús i els escolars estan viatjant pel món conduïts per Pere, que, igual que el seu pare, només volia conduir autobusos.

Però aquesta és una altra història, les incidències de la qual potser les sabrem a través de les memòries de Rosa.

ÍNDEX

Continuació

L'autobús Jordiet i la bruixa Elisenda
Col. «El Micalet Galàctic», 86
104 pàgs.
ISBN: 84-7660-746-6

Dinosaures a l'Albufera, una mòmia grega al penyal d'Ifac, el fantasma d'un príncep a l'Alhambra... Un viatge cap a Andalusia es pot convertir en una gran aventura a bord de Jordiet, l'autobús màgic que parla. Encara més si entre els passatgers hi ha una bruixa tan especial com Elisenda.

L'autobús Jordiet. Pirates i bandolers
Col. «El Micalet Galàctic», 110
112 pàgs.
ISBN: 84-7660-994-9

Una nova aventura de l'autobús Jordiet! Aquesta vegada, la bruixa Elisenda i la resta de companys de viatge visiten el sud de la Península. A Sevilla, Vicent desapareix i un truc d'Elisenda armarà un bon embolic; a Palos de la Frontera viuran tota una aventura a bord de *La Pinta*, *La Niña* i *La Santa María*; mentre que a la serra d'Aracena seran capturats per uns bandolers.

Lauren Brooke

Heartland – Paradies für Pferde

Zu neuen Ufern & Durch dick und dünn

Band 7 und 8

Mit besonderem Dank an Linda Chapman